Ralf Wolf / Friedel Weise-Ney (Hrsg.)

Verse aus der Barockfabrik

Lyrikanthologie

Bibliografische Information der Deutschen Nationalbibliothek

Die Deutsche Nationalbibliothek verzeichnet diese Publikation
in der Deutschen Nationalbibliografie; detaillierte bibliografische
Daten sind im Internet über http://dnb.d-nb.de abrufbar.

Februar 2019

Mit freundlicher Unterstützung
durch das Literaturbüro in der Euregio Maas-Rhein e.V.
www.literaturbuero-emr.de

Texte und Porträtfotos © bei den Autor/inn/en

Titelbild © Friedel Weise-Ney
Bildausschnitt „Der Weltenflüsterer"
www.weise-ney.com

Foto Umschlagrückseite:
© Nina Krüsmann / Kulturbetrieb der Stadt Aachen

Gestaltung: Ralf Wolf
www.autorenservice.net

Herstellung und Verlag:
BoD – Books on Demand, Norderstedt

ISBN: 978-3-7481-0148-2

Ralf Wolf / Friedel Weise-Ney (Hrsg.)

Verse aus der Barockfabrik

Eine Lyrikanthologie mit Gedichten
und Bildern der Teilnehmer/innen am
Offenen Lyriktreff des Literaturbüros
in der Euregio Maas-Rhein mit Sitz
in Aachen

vorwort

Unter dem Dach des Aachener »Kulturhauses Barockfabrik« treffen sich regelmäßig jeden dritten Mittwoch im Monat Lyrikfreundinnen und -freunde aus der Region, um ihre Gedichte vorzustellen und gemeinsam zu besprechen.

Die vorliegende Anthologie ist ein bescheidenes Zeitdokument des Wirkens dieser Gruppe.

Sie darf auch verstanden werden als ein herzliches Danke an den Lyriker Hartwig Mauritz, der seit Beginn die Treffen ehrenamtlich leitet.

Aachen, im November 2018

Friedel / Ralf

Grußwort

Es beeindruckt mich, es macht mich froh und zuversichtlich, wieder und wieder feststellen zu dürfen, mit wie viel Hingabe, ja, Leidenschaft sich die Lyriker unseres Vereins überraschende Gedankenwelten erschließen und sie sprachlich nachvollziehbar begreiflich zu machen verstehen.

Dass dies weiterhin so sein wird, kann ich nur hoffen.
Dafür, dass diese Anthologie dies belegt, kann ich nur allen Beteiligten herzlich danken.

Harald Redle

1. Vorsitzender
Literaturbüro in der Euregio Maas-Rhein e.V.

einleitung

Seit den achtziger Jahren tauschen sich Autorinnen und Autoren in Aachen im Rahmen von Werkstattgesprächen über ihre Texte aus. Diese Zusammenkünfte fanden zunächst im Café Schnabeltasse, schließlich im Malereiraum der Barockfabrik statt. Der offene Autorentreff ist eine Initiative des Literaturbüros in der Euregio Maas-Rhein e.V. Die Autoren lesen Kurzprosa, Romanauszüge und Gedichte vor und diskutieren miteinander. Die Teilnahme ist für jeden offen und kostenfrei. 2007 regten Lyrikerinnen und Lyriker aus dem Autorentreff an, ein eigenes Treffen einzurichten, um mehr Zeit für die Besprechung von Gedichten zu haben und baten mich, die Moderation zu übernehmen. Im April 2007 startete der Lyriktreff zunächst in den Räumlichkeiten der Sprachenakademie Aachen in der Theaterstraße. Später zog er in den Malereiraum der Barockfabrik um, den uns der Kulturbetrieb der Stadt Aachen zur Verfügung gestellt hat.

Seither tauschen sich Lyrikerinnen und Lyriker einmal im Monat über ihre Gedichte aus. Sie lesen und diskutieren poetologische Texte u. a. von Raoul Schrott, Wolf Wondratschek und Christoph Buchwald. Sie informieren sich über Wettbewerbe und Ausschreibungen und konnten im Laufe der letzten Jahre ihre Texte in namhaften Anthologien wie z. B. im Jahrbuch der Lyrik, in den Versnetze-Anthologien von Axel Kutsch und in dem von Shafiq Naz herausgegebenen Deutschen Lyrikkalender veröffentlichen. Auch bei Wettbewerben waren die Lyrikerinnen und Lyriker erfolgreich. So gewann Eva Boßmann den Lyrikpreis postpoetry.NRW 2013 und Martin Ebner im gleichen Jahr den Sonderpreis im Jokers Lyrikwettbewerb. Ebenfalls gab es Preise für Autorinnen und Autoren in anderen Sparten wie der Kurzprosa, in der Friedel Weise-Ney den Literaturpreis zum Reformationsjahr der Stadt Wiesbaden 2017 gewann sowie der Dramatik, in der Manfred Freudes Drama „Spiegel der Ideale" 2007 in Koblenz öffentlich aufgeführt wurde.

Die Treffen dienen nicht nur dem Austausch über die Teilnehmertexte, sondern auch der Weiterbildung über ausgesuchte poetische Themen und dem Wirken einzelner Dichter, die im Rahmen von Vorträgen und Referaten vermittelt werden. Martin Ebner hat den Lyriktreff mit Vorträgen über Paulus Böhmer und Catull bereichert. Eva Boßmann hielt Vorträge über Jean Krier und Thomas Kling. Peter Heuser sprach im Lyriktreff über Pablo Neruda und Manfred Freude über Paul Celan. Friedel Weise-Ney hat uns Joachim Ringelnatz nähergebracht.

Jede Teilnehmerin, jeder Teilnehmer hat eine eigene Stimme und poetische Perspektive in die Veranstaltungen mit eingebracht, die sie im Lauf der Jahre weiterentwickelt haben. Die vorliegende Anthologie ist ein Spiegelbild dieser Entwicklung. Die Gedichte von Renate Fuchs verarbeiten Märchenelemente. Die Texte von Dieter Hans sind voller sarkastischer Wendungen. Peter J. Heuser hat als politisch wirkender Mensch einen sehr kritischen wie auch gleichsam poetischen Blick auf seine Wahlheimat Aachen gerichtet. Mit Anita Seo gehen wir durch das Stelenfeld des Berliner Holocaust-Denkmals. Die Pointen von Bernd Hoppenstock zünden auf kleinstem Raum. Marlene Olbrich fasst ihre philosophischen Gedanken in eine poetische Gestalt. Thorsten Orlikowsky gibt klassischen Versen eine neue Form. Robert Schmid ist ein Sprachkünstler, der seine Gedichte auch in französischer, portugiesischer und spanischer Sprache verfasst und zweisprachig vorträgt. Von ihm stammen teils drastische, aber sehr erfrischende Bilder. Sprachspiele und semantische Irritationen kennzeichnen die Gedichte von Marita Tank. Im besten Sinne verstörend sind die Texte von Friedel Weise-Ney, in die ihre langjährigen Erfahrungen als Ärztin einfließen.

Ich wünsche dieser Anthologie mit ihren unterschiedlichen poetischen Stimmen viele Leser!

Hartwig Mauritz

eva boßmann

*1964 am linken Niederrhein, lebt in Vaals und Aachen

Veröffentlichungen/Preis

- 2005 „Waldbodentanz", Gedichte im Mauerverlag
- mehrfach Veröffentlichungen in deutschen und belgischen Anthologien
- Preisträgerin PostPoetry NRW 2013
- 2015: „farben.blind", Gedichte im Geest Verlag, Vechta

01

sudan
entstelltes darfur

in hart gebrochenem land
stehn sie in gummistiefeln herum
knöcheltief erst
dann rinnt der sand
bis über den schaft

wieder einer vollgelaufen
mit blutverschmierten händen
kommen,
um dann doch nichts zu geben

der kleinste baumelt am galgen
während der tusch spielt
im basar wird gefeilscht
zwischen hundegebell und kindergeschrei

die sonne wälzt sich den berg hinab
nebel zieht auf
vielleicht wird es morgen noch heißer
für die miliz
in staubigen lederstiefeln

Gisela Bougé

Geb. 1960, verheiratet, zwei Söhne, drei Enkelkinder, lebt in Aachen.

Schreibt Gedichte seit 2011.

Anthologiebeiträge in Versnetze_zehn und Versnetze_elf.

Teilnahme am Lyriktreff seit 2016.

Mitglied im Redaktionsteam der diözesanen Zeitschrift „nah dran" der Katholischen Frauengemeinschaft Deutschlands (kfd).

Lieblingslyrikerinnen: Rose Ausländer, Hilde Domin, Mascha Kaleko

Mallorca

Beim Johannisbrotbaum, präriegetrocknet,
kauerte ich im überhitzten Schmerz.
Tränen fielen in gelbe Erde.
Von oben tropften Kerne
In mein auserzähltes Seelengefäß.

Im Weitergehen schnupperte ich
Zitronenbehaint, lichtige Luft.
Flirrende Momente kreisten
Schmetterlingsgleich.
Färbten gelbe Erde blau.

Auf dem Meer dann
Brillieren die Lichtkegel, sternenbekront,
hüpfen hinauf und hinunter,
unaufdringlich leis,
wogendes Angebot von DaSein an mich.

Von Windsäuseln besänftigt
Wird die wütende Hitze.
Stimmt gleichmütig.
Zeit zerbröselt, Zeit zerpflückt
Den – erst noch – ausgelegten Müll.

Heimat

Den Himmel im Blick
Die Füße auf bekannter Erde.
Bei Gott – hier leben können.

Ab und zu aber
Die Brüche golden hinterlassen
Und fliegen lernen.

Variationen vom Meer

Dunst am Morgen über schlafenden Wassern,
verhüllt das Geheimnis still.
Tauchen in blau, lila, türkis betört
drängendes WissenWollen.
Hüllt uns ein in seidigen Rausch.
Ein Wiegen, ein Kräuseln auf uralten Wogen.

Später
Tosendes Heranrauschen längst vergessener Dramen.
Es schäumt, stürmt, wallt und zischt in graublauen Schatten.
Heftiges Erinnern, Ansprühen.
Dann wieder Zurückrollen in die uralten Tiefen.
Ausgeliefert dem heftigen Wellengang.

Der Abend verkündet den Frieden.
Dem Rhythmus hingegeben
lassen wir Geheimnisse frei,
schwimmen, tauchen ab unter lila und gelb,
unter rot verglühender Sonne.
Immer in Bewegung: das Meer.

Unterwegs in den Tonleitern

Ich stell den Herzton auf laut,
durchdringe
durchpulse
die tönernen Stelen.
Ich rufe, ich singe,
Erfinde die Melodie.
Doch lass mich nicht irritieren
Von tönernen Tönen.

Romy Schneider

Ist verstorben
   Schritt immer
   In Anmut und Eleganz und mit anrührender
          Stimme
Und fiel einszweidreivierfünf
      So tief
Sie war eine wahrhaft schöne Frau
Und was ich wissen will ist
Lebt ihre Schönheit noch
Herr Tod

(Nach E. E. Cummings, Portrait 8)

martin ebner

Geb. 1962 in Neuwied am Rhein

Seit über 30 Jahren in Aachen, Lehrer, Teilnehmer am Lyriktreff

Veröffentlichungen in verschiedenen Anthologien, zuletzt in:

Westphal, David (Hrsg.): Wage im Regen ein Tänzchen. Jubeln & Feiern. Gedichte, Poesie 21, Verlag Steinmeier, Deiningen 2018

Kutsch, Axel (Hrsg.): Versnetze_10, Verlag Ralf Liebe, 2017

03

im schneckengang der ganglien verfunkt
ein chorgezwitscher feiner stimmchen sich im ich-ich-ich;

mein fürsorgliches grübeln flattert durch die nacht,
treibt fremdgesteuert harn ins porzellan;

am ende dieses letzten drittels liege ich mit schrammen
ohne mondlicht auf der wechselbank;

das memory der namen und der köpfe – es geht
wieder mal nicht auf:

erwartungsvolle augen rollen, trollen sich am liebsten
möglichst weit aus diesem eingeschränkten

blickfeld; irgendwann wird einer kommen,
diesen schatz zu heben.

das aufgepflanzte bajonett der punkte und
der pünktlichkeit im anschlag,

geht es im dreivierteltakt von raum
zu raum, von ding zu ding,

spiralenförmig ballen sich bedeutungslose
knäuel im papierkorb,

zwischen linien auf a4 verblutet eine phantasie
(mit datum oben rechts),

verwesen hunderte von wesen, unterwegs von
irgendwo nach nirgendwo, am strand

von lummerland; in megaminds und masterhirnen
stauinfarkte,

auf der standpur ist die zeit für fristgerechtes
kotzen kurz, zu kurz;

das dasein ist vertaktet nach dem metronom
mit akzeleration

von grave bis prestissimo zum letzten
klingeln.

frühadoleszentes kauen
sicht- und hörbar malmen
hominide kieferknochen,
plastizieren zunge gaumen
paläomikrobenderivate

kunstvoll hin und her als
permanentmetamorphose
von der assoziativen miniatur
bis zum konvexen luftein-
schluss mit knalleffekt,

choreographisch ausgefeilt
trainieren sie mit riesen-
kondition und einem mandel-
großen schmutzig weißen
klebeding; auch stunden nach

verlust der aromatisierung
(mit der anmutung von süße
oder minze u.s.w.) hängt
das thema manchem
eklig an den hacken.

das dorf mit seinem miesen zahnstand,
lückenfachwerk, morsches schräggehäuse,

schwund und karies, die reste alter zeiten
und betriebsamkeiten rotten leise
angegrünt in abstellräumen, in entzündungs-
taschen; hässlichkeit versteckt sich

nicht mehr, hinter den gardinen irgendwo
wird noch gewohnt von spät bis früh.

themsig, themsig

so ein himmelsblau wird auf gekehrten straßen
morgens leicht erstürmt, vehikel sind genug
vorhanden: doppelstöcker, röhrenturbos, fahr-
kabinen;

und dazwischen zweiradfahrer – mutig, mutig!
um die mittagszeit was leichtes irgendwo,
gesund, vegan, egal, geschwindigkeit und
leistung

müssen stimmen auf dem weg nach vorn,
am frühen nachmittag vertreten sich schon
weiße kragen und krawatten ihre beine,
stehen

an der ecke vor dem pub, das bierglas in der
hand und feixen, was das zeug hält; dieses
spiel geht in verlängerung, die subalternen
kreisen

um die krümel, wiegen, zählen, fegen, picken
alles auf; am abend legt der himmel sich ad
acta, nur die sterne hängen noch voll
sehnsucht;

lebenslust im linksverkehr, wie eingekreist
ein blaulicht

Nachruf
(nach Catull, Carmen 3)

Wir nehmen heute traurig Abschied – liebe
Liebende, ihr Götter und ihr Menschen:
tot ist der Spatz, der Liebling meines Mädchens,
den sie mehr als ihre Augen liebte, denn
er war so süß wie Honig, kannte seine Herrin
in- und auswendig wie eine Tochter ihre
Mutter, war aus ihrem Schoß nicht wegzudenken,
hüpfte hier- und dorthin, nur für seine Herrin
ohne Pause zwitschernd.

Jetzt geht er den Düsterweg hinab – man sagt,
von da kam keiner mehr zurück. Euch soll
der Henker holen, böse Schatten in der
Unterwelt. Ihr fresst ja alles Hübsche einfach
auf und habt das süße Spätzchen mir
entführt – verdammte Scheiße! **Spatz,
du kleine Sau!** Nur wegen dir sind
meinem Mädchen jetzt vom Heulen
beide Augen dick und rot entzündet.

ich : du

'

'

.

                    ?

!

                    –

Manfred H. Freude

Manfred H. Freude aus Aachen ist ein Dichter, Philosoph zu Sprache und Zeit mit einem Hang zur Poesie. Er publizierte Gedichte, Dramen, Essays, Autobiografien, philosophische Texte und Literaturtheorien. Erste Gedichte 1968. 2007 wurde eines seiner Theaterstücke aufgeführt; sein neuester Gedichtband heißt „In der Dunkelheit herrschen finstere Zeiten". Insgesamt veröffentlichte er 25 Gedichtbücher von über 50 Büchern. Manfred H. Freude ist Mitglied des Literaturbüros Euregio Maas-Rhein und leitet als Projektleiter die „Silbenschmiede".

04

Nimm die Korallen

Nimm die Korallen
trage sie zu den Ufern
trage sie zu den Worten
folge mir aus den Wellen
folge mir aus den Meeren
Stelle die Fragmente in Frage
fülle die Krüge mit den Korallen

Es bleiben keine Fragen
nimm die Korallen
und ich sage nur Ja, Ja
Zu allen Menschen die ohne Verstehen
Es bleiben keine Fragen
bevor sie diese gehört haben
selbst wenn sie diese gehört haben

Verstanden aus den Muscheltönen
wie unerfahren sie doch sind
Erklärt ihnen aus Korallenorakeln
Worte und Taten auseinandergelegt
Vergesst euer Wachen am Tage
und denkt Vergessen im Schlaf
Lebt aber und stellt keine Fragen

Es bleiben keine Fragen
nimm die Korallen
trage sie zu den Ufern
trage sie zu den Worten
fülle die Krüge mit den Korallen

Eiskalt

Eiskalt dieses Leben
unerkannt
bleiben Illusion und Glaube
Viele Schichten von Geschichten
zur Geschichte
Vom Ursprung zur Distanz

Beugen wir uns noch
an der Quelle trinkend
von Erinnerungen
Ursprünglich von tiefem Grund
Geburten folgend
ohne Eingriff, ohne Götter
Neuen Bedeutungsschichten

Der schöne Krug
den wir zur Quelle trugen
nur gibt Kraft weiter zu leben

Es ist der Quell der unter vielen
unentdeckten Schichten
unzerstörbar weiterfließt
ungetrübt noch mit sich selber spielt

Eisloch

Es ist kälter geworden am Eisloch
auch der Himmel hat die Farbe der Kälte
Die Eingeweide der ausgenommenen Fische
frieren in den vollen Eimern

Nur wer die Zeit mitgebracht hat
findet diesen Winter sein Glück im See

Im Blick auf das Loch wechseln die Schatten
es schlafen nicht die Fische nicht die Menschen
Es ist kälter geworden am Eisloch
auch der Himmel hat die Farbe der Kälte

Die Weiden trauern am Rand des Sees
dort steht ein Dichter im Schneegestöber
er rezitiert den Faust über den See
die Fische verziehen sich tiefer vor Schmerz

Wie viel Faust können Fische im eiskalten Wasser ertragen
Wie viel Kälte speichert ein gefrorener See
Einsamkeit auf der Eisfläche voller Ekel vor der Welt
auch der Himmel hat die Farbe der Kälte

Kämest du wieder

Kämest du wieder weiße Wolke eines Tages
die von Westen nach Osten fliegt
Kämest du wieder eines schönen Tages, ohne zu wissen
im frühen September eines schönen Tages

Weiße Wolke kämest du wieder an diesem schönen
unendlichen Tag so weiß wie heute jetzt himmelhoch
Wie du vorbeiflogst mit Brüdern und Schwestern
Erzähle mir vom Gras von Sand vom Meer

Kämest du einmal zurück und erzählst eines Tages
du triffst mich hier, wie immer wenn ich nach oben schaue
ziehst du vorüber im weißen Kleid deiner Unschuld

Ich werde Trauer tragen und Blut, wenn du wiederkommst
und nie mehr gehen von diesem Platz
Mein Herz stand über dir es war die Sonne

Die schweigenden Fische

Kaum zu sehen im trüben Wasser.
Es tropft von den Muscheln am Grund.
Siehst du noch aus deinem Kahn
Den Regenbogen in den Tiefen?

Den schalen Geschmack im Mund.
Reste des Wallers zwischen Zähnen.

Stehe auf aus diesem Wasser.
Rette dich vor dem Ertrinken.
Während dich die Fische rufen.
Hörst du noch Fische vor dem Ertrinken?

Fische die kurz vor dem Ertrinken.
Schreien in deine Ohren eilig
Vor dem Hörsturz in der Tiefsee.

Rette dich zu den Muscheln
Deinem Platz hinter den Gläsern
Der Tiefe, ... hinter Korallen.

Wer bist Du?

Allein Du bist, allein ist auch Dein Du,
Ist immer Sein, Dein allein, ohne
eine Empfängnis, ihr Geheimnis.
Wer Dir folgt, ist Dir nah, außerdem,

Mächtig Dein Denken, Du denkst.
Erfreut und in Dir aufgehoben,
doch was kommt, das geht auch fort,
mit allem was ihm mitgebracht.

Was einmal war, das ist nun davon.
Es ist als wäre das Leben leer.
Und wo Du bist, dort bleibst Du stehen.
Und sterbe nicht, bevor Du beklagst.

Du bist. Wir sind, und alle Vögel singen uns ein Lied. So singen sie doch von Dir, wie Du bist. Jede Fuge in Deinem Lied klingt nach Dir. Zum Rhythmus von meinem Blut. Im Klang unserer Herzen taumeln unsere Gedanken an eine schönere Welt. Von Quellen zu den Wasserfällen hören die Flüsse unserem Rauschen zu. Fällt ein Stein von meinem Herzen auf den Grund. Ich quäle mich, bevor ich verstumme. Ich halte mich fest an Deinem Namen. Die vergessenen Stimmen steigen wieder auf, mit Perlen von Sonnenlicht, an spiegelnden Fäden, zur Oberfläche des Sees geküsst. Mein Herz ist weiß, wie jene Wolke, die über Dir schwebt, denn Du bist der See, wenn Du tot bist, ruhe ich mit Dir, vergessen. Womit ich Deine Liebe verdient habe, so weiß ich, Du bist. Vögel singen uns ein Lied.

Hans-Josef Frickenstein

Hans-Josef Frickenstein (1948–2013) wurde in der Nähe von Schleiden/Eifel geboren und lebte in Aachen.

Seit Mitte der 60er-Jahre war er literarisch tätig. Er trat 1972 in den Werkkreis „Literatur der Arbeitswelt" ein und engagierte sich dort auch im Vorstand. Seine ersten Veröffentlichungen hatte er im Kölner Lesebuch. Als Mitglied des Literaturbüros Euregio Maas-Rhein nahm er regelmäßig am Lyriktreff teil.

2008 gab die edition exemplum in Oberhausen seinen Gedichtband „giftgrüne landschaft" heraus.

Seit Mitte der neunziger Jahre war er auch künstlerisch tätig und malte vorwiegend Aquarelle. Einige Ausstellungen fanden bereits in Aachen statt.

Ins Licht!

die Wolken am Sommerhimmel
tragen dich jetzt über den weiten
Horizont hinaus ins
Licht

Du bist nicht weg von mir
Bist nur in eine andere Zeit
Gegangen: Frieden und
Endlose Stille

von allem ganz frei
vom Schicksal
erlöst ...

spätsommerlichter

über dem versilberten see liegt
die luft ganz tief

und vom ufer her nur ein kurz hingeworfener
blick auf den herannahenden horizont

dann später, im morgengrauen, lässt
er seine muskeln spielen

und alles wird einfach
grün

chic

hinter den kulissen die
lukrativen geschäfte von haut
zu haut, wenn die besagten bilder
ganz nah ins bild kommen, und
die gewieften macher von allem
lächeln noch still beim letzten
goldenen ritt über den
schwarzgelben
horizont

Renate Fuchs

Geb. 1981, lebt in Herzogenrath.
Hat Biologie in Köln und English and Creative Writing in Chichester (Vereinigtes Königreich) studiert.

Lehrt Kreatives Schreiben und Englisch in verschiedenen Bildungsein-richtungen und in der Referendarausbildung.

Schreibt Gedichte und Prosa und arbeitet als Übersetzerin und Schreibcoach.

Veröffentlicht im englischen und deutschen Sprachbereich in Antho-logien und Zeitschriften.

Die hier erschienen Texte stammen aus der Lesung „Kaleidoskop der Sinne 2018" des ProArte e.V. Erkelenz, bei der sechs Autoren zu zwölf Kunstwerken schrieben.

Kieselkind

Perchta träumt von Tagen die waren
und denen die kommen
Gedankenkiesel rundgewaschen
im Teich der ungeborenen Seelen
treiben Seerosen über trüben Grund

pralle Bäuche warten
ach, schüttel mich, schüttel mich
wir sind alle reif

wenn alles Gold verronnen
kräuselt der Herzschlag
platzt Pech von der Haut
glüht Heimweh unter der Brust
zum Schlüssel fehlt das Schlüsselloch

den Weg ins Leben nicht gefunden
ach, zieh mich raus, zieh mich raus
ich bin schon längst fertig

wenn Perchta träumt
von Gerechtigkeit
von Faulheit und Fleiß
wer weiß schon, was das ist
welcher Hahn kräht dem schon nach

der eiserne Heinrich

die Kugel versinkt
im blauen Geflecht
im Brunnen der Frosch

was verloren und wieder
gefunden, Wasserperlen
vor die Säue, ein Strudel

aus Schlamm und Licht
der Frosch im Bett
und auf den Prinzen hoffen

spreiz die Beine, denn Vater sagt
versprochen ist versprochen
und wird nicht gebrochen

das Netz geworfen, eingeholt
hält die Prinzessin ihr Wort
basta – und hofft, dass doch
der Wagen bricht, heimlich

wenn auf zu aus
dem dessen entsteigt

der Himmel Erdenhemd
umarmt die Berge
schlafende Brust
hebt & senkt in Jahrtausenden
wenn ich ausziehe
mit den Reihern zum See
und mit den Fischen singe
spiegelt die Chance
sich im Nirgendwo
glücklich wehen die leeren
Ärmel auf der Leine
trägt heute keine
meine

ɒieter Hans

Dieter Hans ist Mitglied des Literaturbüros in der Euregio ; veröffent-
licht häufig Gedichte in Anthologien und literarischen Zeitschriften ;
war Initiator von und Teilnehmer an kooperativen Projekten mit
Musikern , Schauspielern und darstellenden Künstlern im Aachener
Philosophie-Forum `Logoi´ zu Shakespeare , Proust , Musil .

Buchpublikation
Roadmovie : Der kranke Chauffeur , Shaker-Verlag Aachen

Zur Veröffentlichung vorgesehen
Roman : `Cythera Escort´
und : `Ein Hauch von Gegend : Reisebeschreibungen´ .

07

Im Schlafsaal

Die Welt und die Zeit gesehen
durch den Filter von schlafloser Nacht
das Bett von links nach rechts zerlegen
hab Nebenthemen entfacht

und Gold gewaschen am Klondike
Schlamm durchwell-t für goldenen Sand
hab Museen durcharbeitet und
Zufälle wie in Keramik gebrannt

das iPhone kuschelt
an meiner Bauchfalte
was ich nicht alles schon
mit gutem Namen bezahlte

Bremen/Dortmund

Märzfahrt rasend vorbei
an Maulwurfshügeln
ungrün die Wiesen
müde die Wasserspiegel

laublos schwarz die Bäume wie
nur Wust von zu viel Signal
Schnappschuss-Rehe in Rudeln geschmiegt
regenschwarz stämmige Pferde

Hamburg Bremen
ist schon was zum Grämen
Bremer mit Orang Utan Charme
die mit dem markanten Kinn

roter Haut und Ratiopharm
Birken : Leere Formulare
wie immer schon ratlos
die Landschaft sägt durch

mein Auge wie ich so fahre
entgegen der Fahrtrichtung
Gegend Rätsel stellend lösend
entlassend entwertend : tut kund :

Bremen/Dortmund

Ernst Ludwig Kirchner

und seine Damen auf Zack
kein Gramm zuviel im grünen Zwielicht
grün und giftschwüles Dickicht

gerne Damen im Double
im Zwielicht grün und schwül
mit schroffem Mienenspiel

wie Tusche eingeschmiert
je die textile Komponente
Bühnendeko ausgezähnte

mit Asche auf das Haupt gestäubt
zwischen Frankfurt Fehmarn der Schweiz
zwingt Deutschland den Maler ans Kreuz

Damen mit giftig erotischem Biss
bei eingefallener Mundfäule :
gewagt verjagte Langeweile

Alleinerziehend

Regenfest verzurrte Mama
auf das Schlimmste eingestellt
doch die Welt ist einfach stärker
böse böse böse Welt

auch der Wind ist einfach stärker
und jetzt regnet es auch noch !
sagt ich nicht die Welt ist böse
nein sie ist ein Höllenloch

doch an IHR hats nicht gelegen
befreiter so die schlechte Laune
jetzt muss Welt in Trümmer sinken
SIE ist Jerichos Posaune

Federnde Türen im Hotel

aufzu
kaum auf schon wieder zu
lichtschrankengesteuert
machen sie mich leicht ungeschehen
sind schon leicht ausgeleiert
Ebbe und Flut schnell
Türen-User wisch///weg///na gut
Ebbe wie Flut
wer wird's je der Tür danken
und den Lichtschranken

Navi

Ein Spitzensaum geneigt geschwungen
im Décolleté :
der Zündfunke ;

ein sehnsuchtsvoller Schrittweiter
und
man würde Zurückwollen.

Hier bin ich also ganz besonders
wie nie wieder : oh , jäh , je !
Elektrisiert die Ortsbestimmung ,

Spitze
(wie Rauhreif am Winterfenster
sagte der Erotomane .)

Aktäon

ʼDu bist die Tür zu meinen Sünden ,
ein Monopol für Fluchten , meistens zu ;
Einflugschneise , oft in schlimmen Winden ;
ach, könnt' ich letzte Hand an die Dessous ...

(wie man sie ahnt) anlegen , ach ihr Falten ;
ach Ebbe , Flut , kommt fern und geht mir nah ;
betuchte Winkanlage , Skizze , Hinterhalten ,
ich Tarzan , Du – okayokay – Diana .ʼ

peter j. heuser

geboren 1940 in Bremen
lebte in Köln, Düsseldorf, Frankfurt / M. und Kerkrade / NL
heute lebt er in Aachen
schreibt Lyrik und Prosa

Veröffentlichungen in Zeitungen, Magazinen und Rundfunk

2011 erschien sein Gedichtband „Blicksinnig – sta(d)tt liebe me(e)hr",
   Verlag Mainz, Aachen
2013 veröffentlichte er den Gedichtband „zeit weise sicht, weise sicht
   zeit, sicht zeit weise", Verlag Mainz, Aachen
2015 erschien „Zeit für … Gedichte", CreateSpace, Seattle
2017 „Wellenschlag – Flügelrauschen", BoD GmbH, Norderstedt

Auf Kaisers Platz

Motoren lärmen Amseln schweigen
die Stadt kreist um den Felsendom
in seinem Schatten schläft der Löwe
mit steinernem Herzen
zu seinen Füßen Gestrandete der Stadt
Friedrich auf ehernem Sockel
von emsigen Tauben bekleckert
schickt zornige Blicke
zum schillernden Glaspalast

Langsam löscht die Stadt
ihre vielen Lichter
Sternenschauer Funkenflug
wandert das Auge der Nacht
blaues Licht in leeren Gassen
Stille breitet ihren Mantel aus
Schattentanz schillernde Pfützen
versteinerte Gesichter im Neonschein
Liebesgeflüster am Smartfon
Musikfetzen aus der Kneipe
eine Kerze möchtest du anzünden
nachtschwarze Gedanken vertreiben

Die Zeit eilte Stunden Tage
Wochen Jahre vergingen
sie eilte ihren Wünschen hinterher
die Uhr tickte das Herz pochte
die Zeit graute die Haut zeigte Spuren
irgend wann verlor sie sich
in der Erinnerung
im nahen Wäldchen hockte sie am Bach
murmelte spielte mit den Kieseln

Herzenssache von früh bis spät
Tag und Nacht wohl hundert Jahr
schlägt und pumpt und schlägt es
dreihundert Gramm ein Wunderding
trifft Amors Pfeil flimmern flattern
herzen Kammerflüstern Augenblicke
Lustgefühle Kussmomente Körperwelten
erträumt ersehnt gewonnen zerronnen
gemalt beschrieben und gesungen
gehört sie uns nicht allein
unsterblich soll sie sein

Reich mir deine Träume übern Gartenzaun
schick tausend Küsse gleich hinterher
tritt nicht in die Beete
die Rosen sind so schön

Die Sonne wurde jüngst entführt
der Wind ist hinter den Falschen her
ratlos schaut der Mond durch die Gassen
Sternschnuppen sammeln Lösegeld
Bäume raunen von neuer Dimension
Erkenntnisse versickern in den Kanälen
die Täter flüchten ins Wolkengrau

Tag um Tag stürmen
Botschaften von anderen Sternen
in unser Haus entziehen sich
dem Denken Tränen machen Halt
vor unserer Tür durch die wir
doch sorglos schreiten wollten

Ein Fluch zum Himmel
die zerschossene Heimat fällt ins Aschegrau
fußläufig weite Wege falsche Fährten
Seelenverkäufer Angst setzt neue Grenzen
die Sterne schulden Lichtblicke

Nach dem großen Sturm
tummeln sich Ratten in den Trümmern
sandverweht verschlissene Stiefel
wenn die Geier kreisen singt der Wind
durch die tote Stadt

an einen dichter

als ich in deinem buche las
du erinnerer des ostens
aus dem norden zog es dich
in den tiefen westen
wo du dich fandest gefunkt hat es
»jedem anfang wohnt ein zauber inne«
schrieb hermann hesse
unterwegs warst du im forst
in dem sie einst schlachten schlugen
entlang bemooster höckerlinien
grubst du nach spuren des krieges
in dem wir geboren wurden
der keinen zerschossenen stahlhelm wert
atmest das freie land schöpfst worte
formst verse wider das vergessen

Bernd Hoppenstock

Aufgewachsen im Erkelenzer Land, doch eingeöchert.

Die Muse der Dichtung erhört manchmal die Bitte um einen Kuss.

Blattschuss

Du liest die Zeitung
online
in der PRINTenstadt

Schichtwechsel

Mittelschicht = Leistungsträger
Und die Nachtschicht?

Hilde

Wir reiten in wildem Galopp
auf geschenktem Gaul
begehren Einlass im
Kloster Ruppertsberg
dessen Mauern
betörendes Heilkraut bergen
trinken Afri-Cola

Aufklärung erbeten

Voltaire
Ihr nanntet Karl den Großen Barbar
Höfisch sprecht Ihr
Spreewaldgurken kauend
nicht mit vollem Mund

Aufrechter Krebsgang

Gegensätze fallen
brechen nicht!
zusammen

monika kühn-görg

Geb. 1942

Buch „Sonnenblende – Sonnenwende", erschienen April 2016

Buch „Das Spiel mit dem Wort" in Arbeit mit über 10.000 Aphorismen

Bis 1977 wohnhaft in Ahrweiler, ab 1978 bis 1983 im grenznahen Holland, ab 1984 Leben und Arbeit auf Teneriffa. 2004 Rückkehr nach Deutschland, Aachen, wo ich heute noch lebe.

Gartzweiler

Das, was man einst besessen,
wird von Stahlungeheuern gefressen.
Entwurzelte Menschen und Bäume,
beerdigt sind die Lebens(t)räume,
begraben das Nest, Erinnerung verwest,
Kathedralen entweiht zur Zerstörung bereit.
Enteignete Traditionen, enterbte Generationen.
Die Erde verlor ihre Farben,
sie weint, hat tiefe Narben.
Jeder weiß, Energie muss fließen um jeden Preis.
Die Stromlinien flüstern, die Leitung muss knistern.
Was vor Jahrmillionen in der Erde entstanden,
wird nun in Brennöfen landen.
Wir brauchen Wärme und Licht,
verändern dafür der Erde Gesicht,
lassen Problemen ihren Lauf
und nehmen Feinstaubbelastungen in Kauf.
Obwohl wir die Probleme kennen,
wir brennen, verbrennen.

Faszination

An fremden Orten bin ich fasziniert und tief berührt
entdecke fremdartige Flora an ihren Stammplätzen
exotische Fauna in freier Natur
Mein Entdeckergeist ist erwacht, verliere mich
in einer fremdartigen Welt, vergesse mein Ich
Stehe bewundernd, staunend vor vergangenen Kulturen
vor tausenden Jahren von Menschen errichtet
für die Ewigkeit exakt Stein auf Stein geschichtet
Atme sie begierig ein, die fremde Luft, Gerüche
nehme sie wahr, die ungewohnten Geräusche
in der mir fremden Atmosphäre
ein Gefühl ohnegleichen, mit nichts zu vergleichen

Über der Namib

Kühler, junger Morgen, dämmrige Wüste,
fauchende Feuerzunge, heiße Luft
bläht bunte Stoffbahnen, überwindet Schwerkraft.
Ich schwebe, hänge an Seilen zwischen Himmel und Sand,
fühle mich frei, schwerelos, geborgen, gefangen im Flechtwerk.
Lautlose Stille, Einsamkeit, in Sand gesetzte Unendlichkeit.
Knall auf Fall leuchtend roter Himmel,
gleißender Sonnenball, heißer Feuerstrahl,
harte Schattenkanten auf weichen Dünenrändern.
Sonnenstrahlen malen, zaubern Lichtreflexe,
orangefarbener Sand im Lichtertaumel,
sonnendurchflutetes Meer aus Sand.
Unser Schatten eilt uns voraus,
ein Spiel zwischen Katz und Maus.
Säuselnder Wind streichelt sanft sandige Hügel,
Sandkörner rieseln, flüsternd, knisternd.
Dort häuft er an, hier trägt er ab,
der windige, launige Landschaftsgestalter.
Vom Winde verweht, nichts lange besteht,
die Düne auf Wanderschaft geht.
Bereiten ihn vor, den Empfang in der leuchtenden Wüste,
verlieren Höhe, Feuersäule erlischt, flüchtende Gazellen.
Die Plattform des Pickups nimmt sie auf die Fracht,
punktgenau, unerwartet sacht.

Die Würgefeige

Engumschlungen, dicht an dicht
über- und untereinander verwoben
nutzen die Schwachen die Stärke der Großen
und brauchen deren Halt zum Selbsterhalt
gehen züngelnd und schlingend zu Werke
Ihre Triebe wollen nach oben zum Licht
sind in ihrer Triebkraft gefangen
werden ihre Energie verdichten
um neue Kräfte aufzubauen
ihre Schwäche zu überwinden
selber Stärke zu beweisen
Ihre Kraft erwürgt die Großen
was für den einen Tod
ist für den anderen Leben
mit süßen Feigen an den Zweigen

Hoch hinaus in Tokio

Betongesichter, gläserne Augen
blinzeln im Sonnenlicht
hohe schlanke Gestalten, dem Himmel nah
Wenn Seismographen erzittern,
die Richtskala flattert,
die Erde ihre brutale Kraft
an ihre Wurzeln leitet,
scheinen sie bestürzt, sind erschüttert
schwanken wie Bambusrohre im Wind
ächzen in den Gelenken der Stahlskelette

Ich wage den Höhenflug im Gedränge mit Enge
fühle mich emporgehoben über Stock und Werke
Tanzende, hüpfende Zahlenlichter
Wolken mit Kratzspuren an den Bäuchen
Stehe grundlos am Abgrund
abstoßende, anziehende Tiefe
unergründliche Schluchten
mit Leben im Miniaturformat
Sanft nach unten gleitend
Druck auf den Ohren, Aufatmen

Phonophobie

Wir haben einen Begleiter auf Schritt und Tritt
nehmen ihn gerne überall mit
blicken oft in sein leuchtendes Gesicht
es scheint, ob es spricht
„streichle mich, berühre mich, touch me"
Finger hüpfen, hasten, gleiten
über seine glatten Seiten
Digital mobil im Netz gefangen
Diagnose Zwangsneurose
Suchtgefahr, Phonophobie phone me
Smartphone iPhone dudeln schrillen nerven
an jedem Ort zu jeder Zeit Verfügbarkeit
downloads, apps, Klingelzeichen
immer und überall zu erreichen
Handy-cap Intimsphäre gestört, weil abgehört
Senden empfangen hin und her
Orientierung fällt schwer
kontrollieren, kommunizieren, informieren
die Übersicht verlieren
Ist das unser Wille? Endlich ist Stille
Der Begleiter sagt nichts mehr, Akku leer

Das letzte Hemd

Am Ende meines Lebens wollte ich es nicht mehr
es engte mich ein, war nicht locker und leicht
Da ich nicht vollkriegen konnte den Hals
war es der Geizkragen, der mir die Luft wegnahm
Er war unflexibel und steif
mit einem kalten Ring aus Eis
Die Taschen waren zu groß und schwer
behinderten die Leichtigkeit des Lebens
Darum gab ich es her mein letztes Hemd
wurde mir fremd
Das Wasser stand mir bis zum Hals
tauchte ohne Ballast unter
als Treibgut frei und schwerelos
wurde ich sanft davongeschwemmt
ohne das letzte Hemd
An einem fremden Ort, wo mich keiner kennt
und niemand braucht, bin ich wieder aufgetaucht

Hartwig Mauritz

1964 in Eckernförde geboren, lebt seit 1999 in Vaals/Niederlande.
Seit 1995 Lehrer für Elektrotechnik und Technische Informatik am
Berufskolleg der StädteRegion Aachen in Alsdorf;
1998–2018 Vorstandsmitglied im Literaturbüro Euregio Maas-Rhein

Veröffentlichungen/Publikationen

- Beiträge in Zeitschriften (außer.dem, Der Dreischneuß, DAS GE-
  DICHT, Krautgarten, macondo, ostragehege, [SIC], Signum, Zeichen
  und Wunder u. a.)
- Beiträge in Anthologien, u. a. Jahrbuch der Lyrik 2011 und 2013,
  Deutsche Verlags-Anstalt, München; stadt land fluss, Lilienfeld
  Verlag Düsseldorf 2014; Lyrik der Gegenwart, Fensterschau. Ge-
  dichtinterpretationen nordrhein-westfälischer Autorinnen und
  Autoren. Ed. Virgines, Düsseldorf 2018
- Einzeltitel: „Echogramme" im Marien-Blatt Verlag, Lübeck 2004,
  Hrsg. Regine Mönkemeier; „biotope" in der Lyrikedition 2000,
  München 2008, Hrsg. Norbert Hummelt; „rumor der frösche auf
  den dünnen flächen der physik", Lyrikedition 2000, München
  2012, Hrsg. Florian Voß; zuletzt „wälder kommen auf uns zu", Rim-
  baud-Verlag Aachen 2017

Preise/Auszeichnungen

- Dresdner Lyrikpreis 2012
- 2. Preis der Floriana Linz 2014
- 2. Preis b. Feldkircher Lyrikpreis 2016

11

krieg heißt fleisch verwoben mit metall, roter rand von schnee
rostet in der lichtbewegung zählen wir den wind und böse bilder

wie gewitter. wolken fallen später leuchtraketen aus der regenwand
der winter rückt im nachtsichtgerät einer eule vor. du möchtest

kein mensch sein hier. übers fleisch fließen dir die sterne, narben
gräben, das gewebe blitzt. du sagst blut und brennst licht ab

dein schädel reißt: ein auge auf das feld gerichtet das andere liegt
leer. gras wächst aus den pupillen dir. du sagst gattung, starkes tier.

marlene olbrich

Als fünftes Kind in Aachen geboren

Nach der Realschule Lehre als Plakatmalerin und Schaufenstergestal-
terin
1960 Anstellung in einem Musikhaus in Innsbruck
1965 Heirat
1970 Ausbildung zur Erzieherin, wieder in Aachen
Geburt meiner Tochter, Arbeit in einem Kindergarten
1976 Studium der Sozialpädagogik
Geburt meines Sohnes
1979 Ausbildung zur Supervisorin
1980 Ausbildung zur Psychotherapeutin
25 Jahre Anstellung in einer Beratungsstelle
1984 Lehrbeauftragte an der Kath. Fachhochschule Aachen bis 2006
Seitdem widme ich mich meinen Hobbys: Lyrik und Literatur,
Wandern und Schwimmen

that's all

Ach, Europa

Den wilden Ritt auf einem Stier,
dem höchsten Gott der Griechen, Zeus
ertrugst Du stolz und stark,
nun schwächelst Du auf diesem Tier.
Du schwankst und stöhnst,
so ohne Sattel und Geschirr.
Als er dich lockte und entführte
hast du so viel erträumt.
Ich bitte Dich, nun werd' nicht schwach,
Du schaffst das schon
zu kommen an das Ziel der Reise.
Besinne Dich auf Deine Kraft,
auf Deine Freunde und Verehrer,
sonst wird Europa immer leerer.

Herbstzeitlose

Ja, so ist mein Leben
ohne Herbst
alterslos
ohne Zeit
ohne Schutz
blass lila, doch stark und trotzig

Leidenschaft

Das Versmaß kenn ich nicht,
die Dichte zu benennen,
Worte
tummeln sich im Innern,
die du hörst:
er-innern nur!
Inneres, leidend – weiß mehr

Konzentrische Kreise

Das Wasser trifft ein Stein,
malt Schutzkreise um sich,
die in mathematischer Schönheit
immer größer werden.
Der Stein sinkt,
das Wasser bebt.

Reisen

Bekanntes verlassen,
Vertrautes aufgeben:
fremder Hafen
in stiller Bucht;
nachts der Ruf der Fischer,
beim Aufbruch ins dunkle Meer;
heimatlos.

Spätlese

Bordeauxrot der blaue Stuhl
in der Abendsonne;
die weiße Blechschüssel
fängt die grünen Perlen auf,
die aus den Schoten fallen,
gelöst von welken Händen.

Zimmer hinter dem Hof,
Schutz auf der Reise
in die fremde Stadt Bordeaux.
Dann – Erbsen mit Rindfleisch
und pommes de terre –
Am Morgen:
leises Lächeln und Winken.

Leben

Zittern
des Schmetterlingsflügels
in meiner Brust,
schmerzlich süßes Beben,
Vergehen im Höhepunkt der Lust.
Ahnung des Todes,
Liebe, Rotz,
Witz, Schweiß,
Katze im Winkel,
Rose im Vollreif,
Leben.

Nebenan ist Ramallah

Erwartungsvoll sitzen wir im Kreis.
Als der Siedlerführer das Wort ergreift,
breitet sich Kälte aus!
„Verantwortung!"
„Gegebenes Recht!"
„... unsere Pflicht!"

Roswitha verlässt den Raum.
Mit Strickjacke und Fragen kommt sie zurück.
„Wie, was?"
„Verantwortung – für wen?"
„Für was?"
Flirren vor den Augen! Wut!

Jenseits! Oben auf den Hügeln:
lange Häuserketten
bilden die weiße Grenze

Thorsten orlikowsky

Geb. in Süddeutschland, lebt seit 2009 in Aachen.
Er ist Kinderarzt und Neonatologe und betreut die Neu- und Frühgeborenen am UK Aachen.
Nach einem knapp dreijährigen Forschungsaufenthalt in New York beschäftigt er sich wissenschaftlich mit dem Immunsystem von Neugeborenen.

Seine Lyrikbände „zeitsplitter" (2015), „spiegelstimmung" (2016), „halbtraumfarben" (2017) und „nachtschwarznuancen" (2018) sind im Deutschen Lyrik Verlag (dlv), Aachen, erschienen.

13

fand nur den einen teil des zettels |
zerrissen | ausgefranst schon vor
dem heben
sie wirkt vertraut | die hälfte | mir |
seltsam | ich les die worte nur
die fehlen
als könnte aus dem teil der fehlt
ich lesbar ungeschriebnes wort
entschälen |
als wär es eingeknüllt in geist und
sinnen | nur wartend auf ein glätten
im moment |
der beide hälften unlesbar ge-
schrieben | umschrieben lesbar
klar erkennt |
scheint ein fragment | die skizze eines
ungeheuren plans zu sein | des plans
zu leben

einkaufszettel edeka

aus worten eine stadt bauen |
eine | die selbst mitbaut
ohne krankenhaus | gefängnis |
mauern

viele straßen zum flughafen |
keine die verstopft |
sätze gefüllt mit opernhäusern
voll von kneipen

silben wie delikatessgeschäfte
in denen sich buchstaben
im gemenge drängeln |
aromatisch

schwimmbäder auch

wortstadt

sonnengold | dein licht es atmet ja
lässt selbst dem dunkel seinen zauber noch
im tiefen waldesinnern |
da sacht sich unsre einsamkeiten streiften
gleich einer prozession
durch feinen sommernebel | in flammengrüne zukunft

sonnengold

„ich will nur spielen" säuselnd
haucht der traum
des greises leben | spärlichstens durchsetzt
nur mit ihm
dran denken | viel gedacht | erträumt doch
nie zuend'
die überalle | allumhere feige
wirklichkeit
sie lauerte oft fauchend | bissig |
fein zerteilt
als stolper | fallen | merkvorn | unten |
(subversiv)
zersetzt | da letztlich unerfüllbar | sein
müd' antlitz
zur einz'gen wunde | gar nicht mehr |
untragbar
wird lang nicht heilen | hoffnung
stirbt zuvor
verkauft zum schleuderpreis den traum | oben
nun ohne |
sein leben | traumlos' leben ohne |
leer und leicht

traumverkauf

im wald gebadet | worte auf den wegen aufgehoben |
beiseitegelegt | wie hüllen leerer beeren | ruhig wandert die
pupille aufwärts von zweig zu zweigeszweig | in licht und
farbe | schattenwürfen | spricht das sonnenlaub das leise
knistert | ein rinnsal fließt voraus | erlöst bin ich vom
wortgehege | und vom alleinsein | im augenspiegel festen
schrittes | lichtverschiedenheiten

waldbaden

vergangen längst der ort der klänge
verblichen meine lieder
ton im eignen mund verstummt
ein schlehenblatt schwebt nieder
vom hügel lautlos wehn gesänge

am hügelgrab blüht weißer flieder
rissig scheint der steine mal
ersterbend eine biene summt
sonntagsglocken still im tal
die waisen legen blumen nieder

dunkelgrün und schmal die bahn
himmel voll von grauen tauben
schlafesleise wirr verklumpt
lesen und verstehen glauben
licht im kopf geht langsam an

eine auswahl an grenzgesängen

der arm deines worts mag die dämmerung stützen um fest
ihre blaue seele zu halten | am ende des tags | des leeren
durchlebten | da nun die stunden erschrecken | da sprechendes
schweigen nach innen geschieht
damit in der nacht wenn das blau gänzlich einschwärzt | deiner
silben flackernde flämmchen milde | zu leuchten beginnen

verborgene feldlinien

Karin Peters

Lebt in Aachen. Aufgewachsen ist sie im Frankenberger Viertel am Neumarkt. Sie schreibt seit 1997. Bevorzugt widmet sie sich der Lyrik, schreibt jedoch auch Kurzgeschichten. Außerdem findet das Malen in einer Kunstschule ihr reges Interesse. Sie ist in zahlreichen Anthologien vertreten: „Literamus", Trier; „Deutschsprachige Lyrik der Gegenwart" und „Versnetze", Verlag Ralf Liebe, Herausgeber Axel Kutsch; Jahrbücher Eilendorf/Aachen; Wortspiegel Berlin; in verschiedenen Stadtmagazinen; Lyrik und Prosa in den „Aachener Nachrichten".

Karin Peters nahm an zahlreichen Lesungen teil, u. a.:
• Literaturfest „Leselust am Lousberg", Aachen
• Domsingschule Aachen
• In der Synagoge Trier
• Lesereihe „Silbenschmiede" im Haus Löwenstein, Aachen

2011 erschien ihr Lyrikband „Mäanderflüge" (Engelsdorfer Verlag, Leipzig).
2016 veröffentlichte sie den Gedichtband „Dort, wo die feinen Nebel rufen", BoD GmbH, Norderstedt

14

ariele

immer drei handbreit über
der erde
unbodenständig
schwebend zwischen
wort & wort
am abend nahe den flusstälern
den sternen

worte
sinnlos
verstaubt
milchig geronnen
fallen

in den tag
brunnentief
berühren
niemals
den grund

wie viele
ohne klang
ohne duft

brechen ein
ohne widerhall
versanden
stranden
ins nichts

finden kein ziel
und doch
am anfang
und doch
jeden tag

Duane Hanson

(geb. 1925 in Minnesota – 1996)
Ludwig Forum Aachen, Leihgabe

museal
gekrümmte körperlichkeit
inmitten zerissener schriftzeichen

letztes stadium des menschseins
in eiszeiten überschrittene

schamgrenze würdelos gewandet
gestrandet künstlich verharrend &

draußen liegend auf schächten in
nischen bitter das antlitz wärme

heischend in eiszeiten nonmuseal
realiter und ich gehe vorüber

loslassen

zieh mit den lüften
my little bird
suche das blau
zieh mit den sternen
my little bird
suche das lied
das verborg'ne
zieh mit der sonne
suche das gold
das wahre
my little bird
suche – werde du
dann kehre wieder

allumfassend

schaue tief in deine seelenfenster
sonne duftende wiesen blüten – zauberisch
spiegelung
lausche lausche dem lied dem großen wort –
allumfassend
täuschung
sonne duftende wiesen blüten – zauberisch
das lied das große wort allumfassend –
schwächelt

schatten
lasst mit den wäldern
mich verbrüdern
mit mohnblüten
mich bedecken
dem sturm
nachlauschen
salz auf lippen
spüren
in die kälte
wärme hauchen
mit wiesen mich
bekränzen
tiefe nächte
leben
nehmt mir
den glanz nicht
aus der welt
nicht von den
dingen
gebt mir die
stille
die freude
strahlend noch
aus kindersternen
schon liegen
schatten
dunkel – dunkel
zerstört mlr meine
träume nicht

raum

wohne in meiner zweitwohnung
tief im innern

ohne nippes ohne blumen
ohne kerzen keine bilder an wänden

wohne in meiner zweitwohnung
tief im innern

dort ist viel raum viel licht
um mich her

vermisse nichts
selbst das ich ist noch zu viel

Robert schmid

Geb. 1954 in Hamburg; studierte Politische Wissenschaft, Soziologie, Germanistik und Romanistik an der RWTH Aachen (M. A.). Nach dem Zivildienst arbeitete er am Institut für Soziologie und in der Presse-stelle der RWTH, bei der Westdeutschen Zeitung (WZ) in Kempen, war Redakteur bei Radio WAF und bei euregiomedia/BRF in Eupen sowie Chefredakteur der dreisprachigen Kulturzeitschrift PRAIRIE/Euregio-Magazin. Neben jahrelangem politischem Engagement beschäftigt er sich als fremdsprachlicher Muttersprachler, muttersprachlicher Fremdsprachler und verkappter Romantiker vor allem mit den roma-nischen Ländern Europas sowie mit Lateinamerika.

Veröffentlichungen
„Das rot-schwarze Spanien – Zur Rolle des Anarchismus im Spani-schen Bürgerkrieg", Aachen 1986.
Beiträge in „Versnetze_sieben" und „Vernetze_zehn" (Weilerswist 2014/2017)

15

Herbstabend

Aschrosa in die Furchen neigt sich der Himmel
Grüngrau vereinsamen Pappeln
Die Weiden trauern
Die Ulmen buchen

Keine Blätter mehr
Nackt zeigen sie ihre Rinde
Im Wind
Der Wald hat seine Sprache verloren

Feuerrot gibt es die Botschaft vom Horizont
Viel zu früh sterben die Schatten
Die Wipfelreihe wellt dort in schwarzer Linie
Feldwege kurven auf abgelegenen Hügeln

Rotbraune Blitzkörper springen auf Probe
Amseln riskieren letzte Laute
Es versinken im Pulsschlag Fassaden
Dort flammen die Lichter jäh auf

Hier herrscht dichtes Dunkel
Ich gehe die Mauern entlang
Berühre die Steine
Mit wächserner Hand

federico garcia lorca

morgens fallen schüsse
die sierra bebt
unter den salven der wächter
spaziergang ins nichts

der mond verschwindet unter wolken
das meer erkaltet
der mond kippt
irgendwo zerdrückt ein kind

die eidechse
in der stille
über dem pass
ein stöhnen des mauren

eine harte gitarrensaite
ein moll-klavier
einen cante jondo
ein schlagen der balkontüre

wünsche ich dir, federico.
blassrosa nebel umhüllt dein leichentuch
eine etüde von chopin
einen kuß von deiner mutter

keinen alptraum von salvatore
einen roten fächer von melchorito
eine sanfte note von manolito
ein schlagen der balkontüre

ein schwarzes kleid von bernarda
einen brunnen in fuente vaqueros
wünsche ich dir, o federico
unter dem pinienwald

lagert bleiche haut
morgen fallen schüsse
sie galten dir, don perlimplin
en tu jardín irrt dein verwandter herum

in fuente vaqueros stehen bungalows aus beton
und irgendwann verrottet auch der verräter
der mond verschwindet
die sierra bebt

das meer erkaltet
die sonne kippt

Rehmplatz – 4 Uhr morgens

Könnt Ihr das Wesen der Liebe mir erklären
Tannhäuser weht auf roter Pappe
Im leichten Zug der Nacht
Litfaßlappen hängen wie Hautfetzen in den Süden

Schlagen an den Takt vergangener Stunden
Und bin nicht müde noch ganz munter
Ein erster Vogel wagt das Zwitschern
Die hagere Heroinhure hetzt hinüber zu dem Hansemann

Hinter verwankten Zweigen übt der Mond das Glitzern
Wortfetzen verfangen sich in Gitterstäben
Ratte rennt übers Trottoir & Katzenköpfe
Basketballkorb schläft noch tief and fest

Das Schachbrett erklärt der Nacht Remis
Stühle angekettet drin im Boden
Werfen verzagt verfälschte Morgenschatten
Und die Säule ragt immer noch mit Walm-Dach ins

Grelle Weiß des vollgesoffenen Mondes
Der im Norden rastlos auf die Sonne wartet
In der Tiefe rauscht der verdrängte Bach
Monoton – ein Herzstrich auf dem Monitor

Und ein hellblauer Tuschefetzen ergießt sich
Vom Osten in die ausgefranste Nacht
Bin um meinen Schlaf schon lang gebracht
Geh nicht unter, bin wegen ihr noch munter

Schwarze Gauben spielen Dreieck mit dem Hellen
Und der Morgen drängt sich rein an vielen Stellen
Kann mir einer jetzt den Schlaf verwehren
Könnt Ihr das Wesen der Liebe mir erklären

unentschiedenheit

hin- und hergerissen
zwischen dir und mir und ihr
reiße ich mir das laub vom leib
grüngiftig geht die sonne

unter
unter meine haut
jäh greift der kaltwind unter meinen mantel
und wir lachen laut in hohlen gassen

über vögel die vom himmel fallen
gläsern wächsern bleiben die gesichter
du weinst dir das leben aus dem kopf
und meinst doch nur den körper

40 tage lang 40 nächte lang
spielst du unaufhörlich mit
zu wenig einsatz auf verlorenem posten
schließlich stirbt die freiheit ganz

und laub erstickt das lachen
hingerissen war ich einst von euch
hin- und hergerissen zwischen dir und mir und ihr
reiße mir jetzt die fetzen
verbrannter haut vom dünnen leib

Florbela Espanca

Auf ihrem Barockschloß voller leerer Säle
Umgeben von gerundeten Tilden und verlorenen Silben
Wohnt zwischen Spinnweben und zerbrochenen Muscheln Florbela
Wenn sie an die Meerweite gespeichert in den Venen denkt

Dann rhythmischt ihr zerschnittenes Herz in kurzen Versen nur noch
        schneller
Sie trinkt aus gebrochenen Krügen voller Fingerhüte, nasser
        Anemonen
In ihrem Barockschloß irrt vom Blitz gefällt Gefieder
Wo die Fledermäuse in der dunklen Starre wohnen

Kniet sie jetzt vor ihrem Verfolger-Schatten nieder
Und sie nährt den Tod in ihrem Trocken-Mieder
Überall kommen vor Sehnsucht aus den Ritzen
Die Götter und die Geister, die ihr stets im Nacken sitzen

Auf ihrer Barock-Burg gibt's keine groben Ziegel, die in Ruhe walten
Nur türkis ziselierte Perser-Edel-Steine, die das Tor zusammenhalten
Tore grenzen an verwaiste Einspänner, an Altäre aus geknickter
        Pappe voller Ehemänner
Und ihre Seele flieht hinaus zur gerauhten See, wo nebenan nervös
        der Kutschen-Rappe huft

Wo in der Enge vertonter Dichte der zermählte Leib mit Seele nach
        der Freiheit ruft
Was im Leben nur die Fassade und verwundete Brust
Lag auf ihren transparenten Schenkeln verstreut, vertäut, vertraut
        verstaut
Als mit Silben und mit Tilden verzierte filigrane Lust

Und sie träumte von Manolos Kordeln, die die Kehle zugeschnürt
Wachte naß verhitzt in Abendstille auf, hat sich nie für immer schön
    gespürt
Und ihr Gesicht sieht Hieroglyphen, Arabismen dort im Spiegel
Und vor Schreck versperrt sie ihr Gemach mit steifem, kalt
    gewachstem Riegel

In ihrem Bauch wohnt die Tragödie von zernagter Sehnsucht
In der Stille brät ihr Eigensinn die vergessenen Teufel
Alle Gier, alle Zwietracht, alle Zweifel
Dort an der Friedhofswand in ferner Tejo-Bucht

anita seo-Dornbach

Seit 45 Jahren lebt die Autorin mit ihrer Familie im grenznahen Heerlen in den Niederlanden. Ihre Liebe zum Schreiben hat sie erst recht spät, mit 57 Jahren, entdeckt. Seitdem schreibt sie niederländische und deutsche Lyrik sowie Kurzprosa.

Anita Seo-Dornbach sieht das Schreiben als einen Dialog mit sich selbst, ein Ringen mit Gedanken, Bildern und Klängen. Meistens geht es dabei um eine Begegnung, die sie auf poetisch anschauliche Weise zu beschreiben versucht. Bewußt oder unbewußt inspiriert von Martin Buber, dem großen Philosophen der Ich-und-Du-Beziehung, vertritt auch sie den Standpunkt: *Jede echte Begegnung ist der Beginn eines Dialogs.*

2011 debütierte sie mit „ijzel omlijnd", niederländische Lyrik und Kurzprosa in der Reihe „Hic enda Thu" (Jetzes & Roebroek Verlag). Seit 2015 ist sie aktives Mitglied des Literaturbüros in Aachen.

16

A fortiori

ausgedient, aussortiert
wie ein abgelegtes Kleid
in den Kleidersack gestopft
mit Schuberts Wanderstock
auf Winterreise geschickt

Stimmen, die sagen
greif nicht danach
Sterne sind für dich nicht weggelegt
aufgesetztes Lächeln
das mein Spiegelbild verkleinert

und doch
als ich an dir vorbeiging
barfuß
ohne jede Spur
fühlte ich mich einzigartig

und doch
ungesehen, ungehört
wie Worte
in leichte Luft
gehaucht

Berlin Mitte

und
tauche ein
in ein Labyrinth
suche Dich
zwischen Beton und
dem Schweigen der Minute
mit tief gebeugtem Haupt

gefolgt von
Stechschritt, Seitenblick
ein Himmel über uns
der wegsieht, wegsah
dich vergaß
über all den Stelen
keine Atemwege

Kaschnitzer Bahndamm

noch hängt
ein letztes Blatt
an meinem kahlen
Gedankenzweig

fliegen oder fallen
ein Wimpernschlag nur

„Lösch die Lupinen!"

Fragloser Moment

verborgen zwischen Zeilen
fernab
von Logik und Verstand

wo auf der Schwelle der Zeit
die Welt
zum Stillstand kommt

flüstert eine Amsel
Briefworte
unter deinen Türschatten

schreibt ein Goldfisch
Poesie
auf grüne Lotusblätter

unablässig legt der Himmel
Tautropfen
auf unsere Wimpern

Nicht mehr

sakrale Stille
matt schimmerndes Licht
ein Hauch von Weihrauchduft

der Mittelgang
leergefegt, flankiert
von ausgedienten Bänken

schier endlos die Reihe
von Franziskanerkreuzen
Namen fixiert auf Jahreszahlen

einst
im Gebet versunken
kniend auf kargem Grund
sangen sie das Sonnenlied

ein letzter Blick
Abschiedsworte in Erklärungsnot
Lass los! ... flüstert die Zeit
beim leisen Klicken im Türschloss

Luft(t)raum

Der Hohlklang von Motoren
dein Gruß, fortgetragen
vom Gezeitenwind

warst du schon zu weit
als ich nach dir rief
unsichtbar, ferngesteuert

wie die Flocke
die mich streifte, im Gleitflug
über schneebedeckte Landschaft

wo Irrlichter
mit unseren Schatten tanzen
zu Schuberts Klängen in Moll

Eisblumen aus Filigran
ritzen, linieren
meine viel zu dünne Haut

Augenblicksschärfe splittert
Notsignale durch meinen
irrlichtweißen Luft(t)raum

Reißleine oder freier Fall

Blutmond

Schauend wie gebannt in die
dunklen Augen der Nacht
nichts als ein schwarzes Loch als Aussicht

beinahe aufgegeben
bist du doch noch erschienen
mit rotglühenden Wangen

verbindest du Welten von Diversität
setzt Glanz auf traumverlorene Augen
erweckst Verlangen nach ...

Seltsame Zweisamkeit
wie eine ferne, fremde Melodie

erwartungsvolles Klopfen
in ängstlichen Kehlen verborgen
flüstert, schreit, schweigt

verbunden mit dem Kosmos
und alles was lebt
im Takt von Hoffen und Bangen

bis die Nacht erbleicht, leergeblutet
wie der fortziehende Mond

und doch

nichts geht verloren
weder Angst noch Traum

marita Tank

Geb. 1956 bei Köln
Examina als Philosophie- und Deutschlehrerin in Bonn und Kleve
Zzt. Studienrätin i. R.
Lebt seit 1998 in Aachen; zuvor 12 Jahre in München
Schreibt Lyrik und Prosa

Beiträge in Literaturzeitschriften und –anthologien,
im März 2011 im „Jahrbuch der Lyrik 2011"

2 Lyrikbände: „Langsames Vergessen", 1988
                „Schrift mit Wiese", 1990
1 Roman: „Südostwärts", 1994
Alle drei erschienen bei: Gebrüder Constantinides, Druckerei &
Verlagsanstalt, Windach am Ammersee

Der Lyrikband „Lach mal Liebe" erschien 2008 bei Monsenstein und
Vannerdat, Münster

Vertonung des Gedichtes „Hielterten die Liebenden" durch Eva und
Johannes Honecker, Aachen, im Dezember 2011

Lesungen in: München, Chemnitz, Düsseldorf, Griechenland, Nieder-
lande, Aachen

17

b i n   i m   t o n e in den tönen

folgt ein ton einem ton

gefallen beide auf einmal

ein ton ist ein ton ist in eins sind

sind ein gerangel um zwischen

beide töne wollen zwischen

höre das gelingt höchstbald bin höchsthier

in zwiespannung ganz tonton

Mond Geschütteltes

Auf den Kälten steht geschrieben
auf dem Blatt ein Zelt aus Blatt
Spähpause Mond und grübchenselig
aus dem Mond Geschütteltes
ein Schmerz aus Zieh

Sofern die Ferne ruft so nah
brüllen wieder Kälber her vom Meer
Betongeleimt auf Arches Wegen
wenn das Boot umarmt zu hütten
der Brackbarsch spielt da Katz die Katz

O der Tau der ist gespiegelt schon

Beweise deine Wiese

Will ja nichts sagen, aber
einer Wiese fehlt der Beweis
mit einem Schaumkraut darauf.
Auch der See hat einen süßen Kern.
Denn es ist süß das Angewiesensein
auf so manch Unbewiesensein.

Eine große langeweilelige
Wende macht das Boot, ohne
Wind in die Pflicht zu nehmen.
Das Ruderruder reiße es herum
reise dich heran, es dornt es dornt.
Es dornt die Gegenrose.

Wenn an dich denke bin weichweich
wenn dich höre voller Weichen.
Wo ist mein Wohn und wem?
Wer suche, der sehe, sehe Wiese.
Wiese mit See am Saum. Bist mit Tau
mit Tau schon ganz nahe daran.

Schwarze Zahnbürste doch

Der Blumenkohl hat viele Sänger
Keiner weiß wo wir wohnen oder
ob wenigstens zu Metaphern das
Keimesland aufgewitzt werden soll
Minipliwellen lockten im Schlaf
Nie darf ich von mir reden

Zwei Eigelbe

dottern ohne nachbarschaftlichen Weißglibber
auf dem hochgereckten Hügel aus Mehl
Wer weiß was daraus wird
Mein Vater wollte auch nur Konditor werden

Der Schnee auf dem Dach

zeigt mir seinen Rücken
Unter dem Ohnemond Trotzend
stimmt die Helligkeit
die mir sogleich
verflucht ähnlich sieht

Mein Zimmer fällt

mir im Schlaf auf das Dach
schmerzt zu mir her
bist da mit drin
sagst mir ins halb erlaubte
Ohr Entzündungshemm
Spursenkel hingeklatscht zu Wege
zu Wege zu wringen sie trachtest sie trocknest
Ich träume schneller seitdem

Nur damit ich da bin

sind da Welten
Nur damit ich da bin
fällt das auf
Da ist wirklich und tatsächlich ein Stups

Dem Leben das Bild davon

vorziehen damit ihm blüht dem oder dem
Alles Oder hat eine Stelle die keine Stelle hat
Vorsicht auf dein Mitsumm
Stolpernder getölpelter Gram
eine Träne im Auge und eine dem großen Zeh dem

im winter winter toben

längst nicht mehr die Blumen
aber die unsblanken Bäume Zweigmeister
sind unangezogen umglücklich
stecken schon Kinnhaken ein
Kringel da herum

Eine neue Nacht

Sie ist und ist

ist da gar nicht zu sehen.
Und wenn schon – mache

dir nichts daraus.
Allenfalls halte
die Taschenlampe verkehrt.

Es gibt eine neue Nacht.
Reiche ihr rasch einen Klang,
der dich betreffen müsste,
ehe sie wieder aus ist.
wird nun einmal
kaum laut aufgerufen.
Solltest schon wach sein.
Verstehe es, mit ihr
herumzuhoffen.

friedel weise-ney

Ärztin für Allgemein- und Arbeitsmedizin, Bildende Künstlerin, Lyrikerin, Autorin. Im Mittelpunkt meines Schaffens steht immer der Mensch, seine Kindheitserinnerungen, sein Umgang mit den Mitmenschen, seine Auseinandersetzung mit Verletzungen, der Trauer, dem Glauben.

Veröffentlichungen

Sieben Lyrikbände im Eigenverlag. Zuletzt erschienen: „Gebunden an den Lebensbaum ersehnen wir uns Flügel"; BoD, Norderstedt, 2016; Prosa: „Neue Beine für Schneeweisschen", einhard Verlag Aachen, 2017; „Gabriels Himmel", Shaker Media, Aachen, 2018; Zahlreiche Lyrik-, Prosa- und Foto-Veröffentlichungen in Literaturzeitschriften, Anthologien und Bildbänden.

Für die Erzählung „Rattenfänger" aus dem Buch „Neue Beine für Schneeweisschen" erhielt ich von „Kirche und Kultur Wiesbaden" den ersten Preis zum Reformationsgedenkjahr 2017.

Bilder und Objekte

Einzel- und Gruppenausstellungen, v. a. in Aachen und Hamburg; Schloss Clemenswerth 2017, Schloss Bruchsal 2018, Stadtmuseum Wedel 2018.

Teammitglied beim Photo.Kunst.Raum.Hamburg

www.weise-ney.com

Zurück

Dort am breiten tiefen Fluss
haben wir die Kiesel gewaschen
nasse Edelsteine in deiner Hand,
silberne Wellen mit springenden Fischen
spiegeln den Augenblick,

wir werfen alles zurück,
unter den Füßen brechen die Muscheln
alte Zeiten knistern, flüstern
ein Stück geschliffenes Glas
eine Scherbe mit deinem Zeichen
verblasst, zerfurcht, eingerissen,

bin zurück
es bedecken mich wieder
die langen Schatten
es tanzen wieder
die Düfte der reifen Beeren,
feuchte Schenkel am Wiesensaum,
zurück zu den blutbefleckten Laken
in denen die Schmerzen warten.

Das Band

Das Band meines Lebens
ist rot
wie mein Nachtgewand
bespritzt mit Blut

ich möchte mich verstecken
einwickeln in das Nabelband
gewebt von Großmutters Hand
bestickt mit dem Namen der Mutter
vom warmen Licht
umgarnt sich fühlen

doch es ist Dunkelheit
im kühlen Keller gefangen
von harter Hand berührt
kein Wort verstanden
auf nasser Haut
was Bittres gerochen
und die Angst
erbrochen

wie das Schokoladenbrot
auf dem Schulhof
neben der schönen Lehrerin
und ihrem Schatten im Schnee

allein
mit Blut am Schenkel
rot färbt sich die Hose
rot färbt sich der Schnee
rot ist die Farbe der Liebe

– Rot ist mein Weh –

gebunden an den Lebensbaum
ersehnen
wir uns Flügel

reiße am Band meines Lebens
es ist eingerissen
zerschlissen
flicke den Rest der Zeit
zusammen zu einem
neuen Band

so blumig wie die Tischdecken
der Mütter
mit all ihren Lebensflecken
bestickt mit Wahrheit
und Lüge

das Band meines Lebens
sei bunt.

Ein-Tag-Meer

In meiner Hand
Muschel
rauschen die Stunden
eingefangen
wie Lichter
über der See

im Spiegel
mein Schaumkleid
bestickt
mit deinen Worten

kein Lachen

nur dieses Rauschen
aus deinem
in meinen Kopf.

ohne Berührung
rührst Du mich

Spende

Kontaminierte Zeiten
alles Zufälle
hier sterben
statistisch nicht erfasste Tiere
Menschen anderen Orts
die Ärzte
ziehen Spuren durch die DNA
der Zellenberge

Dosis zu klein
Detailaufnahmen
überall Brüche
im Butterblumenfeld
alle Bienen tot
falschberechnete Belastung
der Botenstoffe
es war nicht mehr zu packen
das abschätzbare Risiko

in der Zeitspanne dreier Generationen
kein eigenes Kind in der Wiege
jede Menge Verwünschungen
über den Weg gerufen

die Männer werden unfruchtbar
alles was die Mütter gesungen haben
waren Lügenchansons

auf ihren Sonntagsdecken
bestickt mit Rosenkränzen
leuchten die Erdbeertorten
im Licht der Geburtstagskerzen

alles was ich bin
bin ich durch dich
durch deine Gene
Fremde
durch Großmutters
Gebete
und
den Samen
eines unbekannten Spenders.

Vernetzt

Dein Gesicht
in meiner Bildschirmidylle

kein Umfassen
kein Sonntagsessen
Sprachblasen-Kauderwelsch
füllt den hungrigen Mund

3-D-Darstellung mit Mausklick
zwanzig Jahre jünger
mit rauchig eingefärbter Stimme
den Busen vergrößert

elektronische Küsse getauscht
in Sicherheitsnetzen gefangen
im ausgedehnten Raum
bis zum Fudschijama

dort stürzen meine Gedanken
ungeschützt
in die Kamera

Einladung zum Tausch von Pheromonen
aus unrasierten Achselzonen.

In der Nische

Hinter der Graffitiwand betet die heilige Anna, betet hinter
   Lärmschutz, Sichtschutz, Denkmalschutz,
es klopft die Nacht in der Brust, kalte Tage kollern laut im Bauch,
die Haut schreit, bricht, juckt, wirft Blasen,
im Wind der faulige Geschmack von Abfalltonnen,
Bässe aus der Gaststätte, ein Handy bellt: Geh doch ran, du Arschloch.

Überall denkst du an ihn, der kommt nicht wieder, sagst du dir,
   der ist für immer weg,
hinter dem Gittertor warten, sehnen, Tage zählen,
eine Schrift in Rot, ein Herz durchbohrt, ein spritzender Penis,
ein magisches Auge an der Wand, es flattert der Rest einer Zeitung,
   verblichen, ein Kind singt,
an ein Kreuz genagelt wie Jesus in der Mauernische, stehen und warten.

ralf wolf

Geb. 1959 in Wachtberg b. Bonn, lebt in Jülich.

Nach langjähriger journalistischer Tätigkeit arbeitet er heute freiberuflich als Lektor/Korrektor und Buchgestalter.

Er schreibt Lyrik und Kurzprosa; mehrere Veröffentlichungen in Literaturzeitschriften und Anthologien, u. a. in der ostbelgischen Literaturzeitschrift „Krautgarten", im „Deutschen Lyrikkalender" (Hrsg. Shafiq Naz), der Dresdner Literaturzeitschrift „SIGNUM" und der Anthologie „Versnetze" (Hrsg. Axel Kutsch).

Winter im Gebirge

Wo sonst die Schwarzbunten grasen
glitzert ein weites Schneefeld
Winzige Kristalle funkeln im Rund
die Natur will uns blenden und
schweigt still für lange fünf Minuten
verweigern wir der Zivilisation
den Gehorsam und versenken
uns ins makellose Weiß –
ganz ohne zu denken
ernten wir Kopffrische rot
der Blick wandert hoch
auf eisbekronten Gipfeln
wohnt gefrorenes Leben
unter wolkenlosem Blau –
scharfkantige Himmelskontur
und aufstrebende Felsenflur
berühren sich zärtlich
nur der Gebirgsadler zieht
dort oben in dünner Luft seine Kreise
unten ein Schneehase reglos –
Furcht vor der Entdeckung
Flucht vor der Gefahr
das Bild wird unruhig
wir müssen jetzt
zurück in den Tag

Blick zurück

Silbermond ruft
wirft Wolken
Nebelbilder narren
Gedankenstaub rieselt
herunter bis auf
den Seelengrund
schlägt Wurzeln und
wächst hinauf
neue Welten
am Fenstersims
unserer Vergangenheit –
Großvaters Hände
bestellen den Garten

Auf dem Land

Wenn am Morgen
der stille Nebel
über den Feldern steht
und seine Schwaden allmählich
den neuen Tag enthüllen,
spüre ich das Kribbeln der Vorfreude
auf einen Sommertag –
mit summenden Bienen
und Kindern am Bachufer

Heute jagen sie Schmetterlingen nach
und morgen den Wünschen ihrer Väter
So vergeht Tag um Tag,
bis jenseits des großen Flusses
Rettung oder Verderben
Mindestens Horizonte

Die Liebe

Hast du sie gesehen
wie sie von Tür zu Tür eilt
von Haus zu Haus
von Herz zu Herz
Immer auf der Hut
niemanden zu übergehen
niemanden zu vergessen
niemanden zu verletzen
Sie schmeichelt sich ein
sie drängt sich auf
sie will dich –
sie nervt –
sie lässt nicht locker
sie hat gut zu tun
Langeweile kennt sie nicht
Kaum dass sie des Nachts
Ruhe findet
Sie bettet sich
auf die Rosenblätter
unseres Verlangens
Doch schon bald darauf
erhebt sie sich wieder
mit der Dämmerung der Suchenden

Daniel springt

Die fröhlichen Geräusche wie durch Watte
die letzten Jahre wie in Trance
überall nur belächelt
hinterm Rücken die Sprüche
ach die Mutigen gemeinsam
gegen den schwarzen Schmetterling
der sich im Netz verfängt
keine Chance
Die fröhlichen Geräusche verstummen
Die Kälte trägt ihn
geborgen in Wasserwatte